TITUBEOS

Julio Llorente

TITUBEOS

Ediciones de la Isla de Siltolá

Sevilla 2024

Colección *AFORISMOS*

© **Julio Llorente Sanchidrián**

© del prólogo: Diego Garrocho
© del texto de la contra: Enrique García-Máiquez

© 2024: **Ediciones de La Isla de Siltolá**
Apartado de Correos 22.015
41018 – Sevilla (España)
www.laisladesiltola.es • editorial@laisladesiltola.es

Diseño de colección: La Isla de Siltolá
Impresión: Kadmos
Diseño de la cubierta: Salvartes

ISBN: 978-84-19298-29-4 • DL: SE 11-2024
IBIC: DCF • THEMA: DCF
(Impreso en España)

A Chus, que ahora vela por mí en lo escondido.

PRÓLOGO

Se pueden hacer muchas cosas con las palabras. Habrá quien piense que demasiadas. Empleamos el mismo idioma para mentir o para revelar una verdad, pero de cuantos destinos posibles puedan llegar a tener la voz o la escritura de los hombres, ninguno es tan digno como la curación por la palabra. Una persona que cuida, sana y salva a otra a través del lenguaje es la escena más radicalmente humana, por divina, de cuantas puedan imaginarse. En cierta manera, esa escritura terapéutica es la que transparece en las páginas que siguen y que aparecen pobladas de aforismos escritos por la mano y por el ánimo de Julio Llorente. Este libro es una colección de asertos fugaces que refulgen como cerillas breves pero con luz segura.

La escritura es siempre una práctica delatora y en ella se desenmascaran nuestras íntimas obsesiones. Lo que olvidamos, muchas veces, es que hay obsesiones que son legítimas y que incluso debieran cultivarse. Son aquellas querencias en las que merece la pena persistir y que dan cuenta del modo en el que la realidad clama ante nuestra conciencia. Julio es sanamente obsesivo en el modo en que frecuenta algunas de esas verdades capitales. Dios, la misericordia, el combate contra el tiránico régimen de las apariencias, la servidumbre tecnológica, el silencio, el amor y hasta el diablo son algunos de los tópicos presentes en la escritura de Llorente. Sin renunciar a nada y acogiendo la encomienda gigantesca de tener que resolver, con unas pocas palabras, paradojas morales y existenciales que se demuestran persistentes a lo largo de esa gran tradición que nos grita y nos recuerda que no estamos solos, que antes de nosotros hubo otros que se interrogaron con la misma urgencia y por las mismas cosas. Nadie podrá decir que Llorente buscó un alivio. El autor de este libro ha escogido responder a cuestiones eternas con la valentía de quien se sabe provisto de una gracia suficiente para hacerles frente. La escritura, a fin de cuentas, es siempre una cuestión de fe y por eso Julio ha salido airoso. Tanto como saldrán sus lectores después de recurrir a la síncopa de belleza, lucidez y valentía que supone esta colección de aforismos.

La condición aforística de estas páginas resume sólo su disposición formal, pero nada nos dice del género en que se declina la escritura. Si alguien me obligara a tener que ubicar este texto en las secciones de una librería no sabría reconocer cuál sería su destino natural. Teología o incluso metafísica (sinónimos para Aristóteles) serían dos rubros que cabalmente explican las páginas de este libro. Porque no. La apuesta de Llorente no es un mero ejercicio de estilo, ni es el resultado de alguien que se sabe domador de las formas del lenguaje y que exhibe su capacidad para esculpir y lanzar frases redondas o consignas más o menos gráciles. Los aforismos de Llorente son consecuencia de una serena observación impropia, por cierto, de quien todavía es joven. Se le notan los paseos, los silencios y las buenas lecturas.

La escritura de Julio tiene un orden espiritual concreto, pero también me gusta que contradiga a sus maestros, y que se sienta capaz de disputarle una certeza a Chesterton, a san Agustín o a ese Sócrates que hablaba por boca de Platón. Creo, por eso, que el libro de Llorente sólo puede conducirnos al optimismo o, como el mismo dirá, a la esperanza, que es mucho más noble y potente que la juiciosa expectativa que formulan los que saben sólo de cálculo. Los que juegan a la literatura terrible insisten en que los libros deben desafiarnos o inquietarnos. Pero se equivocan. El libro de Julio Llorente es importante porque nos llena de tranquilidad por todo lo que nos dice y nos hace heredar. Mientras haya un joven que siga leyendo los textos viejos del Mediterráneo, Occidente y el mundo estarán salvados.

Diego Garrocho

El motivo por el que el filósofo se asemeja al poeta es que ambos tienen que habérselas con lo maravilloso.
SANTO TOMÁS DE AQUINO

No me gusta la filosofía ni cuadrúpeda ni bípeda. La quiero alada y cantora.
JOSEPH JOUBERT

Sólo una cosa es necesaria: todo.
G.K. CHESTERTON

I

TODO buen aforismo termina transfigurado en eco.

∽

LA verdad es *tibia* al menos en un sentido. Puede manifestarse tanto en la frialdad de un silogismo como en el ardor de un poema.

∽

LO más difícil de ser católico no es creer en Dios, que es relativamente fácil, sino reconocer Su huella en todas las criaturas, incluso en las más miserables.

TANTO el optimismo como el pesimismo exigen una cierta insensibilidad, pero el pesimismo más: el bien existe y el mal es, en cambio, apenas una ausencia.

ও

LA felicidad la gana en realidad quien la pierde en apariencia.

ও

SI sólo el amor nos salva, como dicen, ¿por qué nos hace sufrir tanto? Acaso porque toda salvación implica una cruz.

ও

LA ascética paradoja de los árboles: se desnudan cuando llega el frío y se visten cuando regresa el calor.

EL hombre verdaderamente sabio emula a Sócrates y habla preguntando.

❧

LA medicalización de la existencia es anterior al coronavirus: cuántas veces hemos llamado enfermo a quien es simplemente un malvado.

❧

LA revolución exigía antes coraje, idealismo y heroicidad; hoy, en cambio, sólo la voluntad de vivir humanamente.

❧

AVISO pospandémico: no hemos venido al mundo para sobrevivir, sino para vivir.

ALGUNOS dicen que el pecado de Lucifer fue la soberbia, otros que la envidia. Para mí no hay debate. El envidioso, a su modo, reconoce la existencia de algo bueno fuera de sí.

⁊

UN propósito para este paseo vespertino: que el estruendo de los coches no acalle ni el canto de los pájaros ni el rumor de los niños que juegan en los parques.

⁊

EL polemista es insensible a la sutil diferencia que existe entre tener razón y decir verdad.

LA misión del escritor: que la carne vuelva a hacerse palabra.

ↄ

EL hombre no es ni como lo imaginaba Rousseau, cándido, ni como lo imaginaba Hobbes, cainita. Probablemente su esencia esté a medio camino entre lo que intenta ser mientras reza y lo que es mientras conduce.

ↄ

EL materialista y el espiritualista coinciden en su concepción de la carne. Para ambos es tan sólo lo que parece.

LA prueba del nueve del platónico: que esté dispuesto a interrumpir una lectura, incluso la de su maestro, para mantener un diálogo.

ເ∘ວ

LA pereza es en muchísimas ocasiones el preludio de la contemplación.

ເ∘ວ

EL enamorado propende al panteísmo: en todas las cosas buenas entreví el rostro de su amada.

II

EL aforista tiene algo de profesor estricto: pone muchos deberes a sus lectores.

ↄ

LA mayor condena del diablo es que todos lo eligen bajo apariencia de bien.

ↄ

¿CÓMO entregarme a la desesperanza habiendo visto un árbol florecer junto a un edificio en obras, entre andamios oxidados y polvo en suspensión?

EL hombre es ese paradójico ser que sólo echando raíces puede volar bien alto.

🙠

CREER en Dios no consiste tanto en creer en lo invisible como en eso a lo que lo visible nos remite.

🙠

LOS conocidos nos regalan lo que nos gusta, apetece, deseamos; los amigos se esmeran un poco más y nos regalan lo que nos va a hacer bien.

🙠

EN la abolición del castigo que promueve nuestra época entreveo una risa cruel, sádica: la del hombre que se abstiene de corregir la maldad ajena porque disfruta secretamente de ella.

NO hay contradicción entre justicia y caridad. ¿Qué le corresponde a un ser miserable como el hombre sino la misericordia?

❧

¿QUIERE escribir ciencia ficción en el siglo XXI? Sea escrupulosamente realista.

❧

NO es escritor si no tropieza de vez en cuando mientras pasea.

❧

SANTO Tomás no era un incrédulo: aceptó algo tan increíble como una resurrección sólo porque se lo exigió algo tan insignificante como su dedo.

EL vanidoso se recuerda constantemente a sí mismo que está hecho a imagen de Dios, pero olvida que del polvo viene y al polvo regresará.

❧

EL soberbio ni siquiera lo primero acepta.

❧

LA memoria se ensaña con nosotros, que olvidamos lo que desearíamos recordar y recordamos lo que desearíamos olvidar.

❧

HAY dos clases de personas: las que trabajan para después poder descansar y las que descansan para poder trabajar. Sólo las primeras saborean la pulpa de la vida.

CUANDO se ensombrece mi ánimo, cuando pierdo la esperanza y le espeto a Dios que bien podría haberme hecho nacer en otra época, me arrastro hasta el parque más cercano y contemplo a los niños durante el tiempo necesario para que mi ímpetu resurja.

∽

DICEN que uno de los problemas del hombre contemporáneo es que vive ignorando que va a morir. Yo doblo la apuesta: su gran problema es que vive ignorando que vive.

∽

LA felicidad no es un fin que se busca, sino un efecto que se agradece.

∽

DE entre todos los milagros que han ocurrido y ocurren, éste es el que más me asombra: que, habiendo tantos hombres guapos, inteligentes, buenos y exitosos, tú, con esa inconsciencia tan tuya, hayas elegido quererme a mí.

III

DICE Enrique García-Máiquez que el aforismo es el esprint de la literatura. Yo afirmaría que también su sesteo, porque es un género que sólo los vagos cultivamos.

∽

NO existe un solo elemento de la realidad indigno de ser cantado. Sólo hay poetas incapaces de hacerlo.

∽

LA vida es una maravilla a condición de que uno no la atosigue con sus expectativas.

EL gran problema del racionalista es que degrada la realidad a datos y el pensamiento a cálculo, consecuentemente.

ↄ

LA curiosidad es el atributo intelectual de los hombres dispersos.

ↄ

EL culmen de la vida académica: que nuestra palabra se corresponda con nuestro pensamiento y éste, a su vez, con la realidad.

ↄ

EL susurro es la poesía del hombre corriente.

INCLUSO el discurso más bello deviene horrísono si su autor falta al deber de encarnarlo.

ↄ

MI objeción contra la ciencia es que puede hacernos insensibles a esa verdad que cimienta todas las demás: que la existencia es inexplicable como un milagro.

ↄ

DICE mucho del mundo en el que vivimos que nuestro ocio tenga más de evasión que de celebración.

ↄ

LA muerte siempre saca nuestro mejor perfil.

EL límite no es obstáculo, sino condición.

※

LA razón de la inhumanidad de las ciudades es también la razón de su atractivo para el escritor: cuando uno ignora la historia de sus conciudadanos, ha de conformarse con inventarla.

※

SOY un chestertoniano de chicha y nabo. Simpatizo con el hombre corriente siempre y cuando éste sea una abstracción.

※

ME gustan los camareros desabridos, malencarados. Tras su displicencia se intuye el deseo —noble, nobilísimo— de una vida ociosa.

ALGUNOS amigos condes, marqueses, duques me recuerdan una dolorosa verdad: ya no quedan nobles; sólo burgueses ridículamente disfrazados.

✢

EL verdadero escritor distingue prodigios donde los demás apenas ven cosas.

✢

NUESTRA felicidad aquí nunca es plena. De hecho, cuanto más se acerca a la plenitud, más empañada está por el miedo a perderla.

✢

¿QUE cómo sé que te quiero? Fácil: no escribiría ni una sola línea más si esa renuncia implicase, de algún modo misterioso, tu felicidad.

IV

EL buen aforismo no resulta de una técnica dominada, sino de una gracia concedida.

ↄ

LA vida está tan estrechamente relacionada con el alcohol que su verbo debería escribirse así: «bibir».

ↄ

CUANDO me cruzo por la calle con personas que no levantan la vista del móvil, me pregunto si el problema es suyo, que no aprecian la belleza de la realidad, o de aquellos otros que la siguen apreciando a pesar de todo. Las cosas, ajenas a mis cavilaciones y a su indiferencia, barnizadas de ocre por un sol que está a punto de descansar por fin, me dan la respuesta.

¿QUÉ corrosivo despecho sentirán la abubilla que canta y el sauce que baila al comprobar que los hombres respondemos a su grácil contoneo fijando la vista en el móvil?

❧

FRACASO es, fundamentalmente, creer que uno merece el éxito.

❧

MENDIGAR elogios es una de las formas más altas de humildad.

❧

LA ciudad moderna, con sus bloques de pisos y sus rascacielos, implica necesariamente el desarraigo: nadie puede echar raíces en el aire.

QUIEN pierde bien el tiempo, más que perderlo, lo gana.

∾

ALGUIEN dijo el otro día que dejaba de escribir para centrarse en vivir. Lo entiendo, pero yo vivo más intensamente cuando escribo, sólo presto atención a los prodigios de la realidad si después tengo que celebrarlos.

∾

NUESTROS culturetas olvidan que no se trata de leer mucho, sino de leer bien.

∾

LEER bien no es sólo elegir buenos libros; es, ante todo, leerlos con la actitud adecuada.

LA memoria del erudito es un desván en el que se acumulan, polvorientos, un sinnúmero de saberes.

❧

LA memoria del sabio es un palacio en el que unos pocos conocimientos viven a cuerpo de rey.

❧

A la corrección política no hay que oponerle su antónimo, la incorrección política, sino su distinto, la verdad.

❧

EL problema del mundo moderno es que está más pendiente de curar patologías —políticas, económicas, morales— que de evitarlas.

LA huella del pecado original es menos perceptible cuando hacemos el mal que cuando hacemos mal el bien.

∾

LA alegría es el síntoma de la virtud.

∾

IR con prisas es la manera más paradójica de perder el tiempo.

∾

MI mente es una enrevesada maraña que sólo tu presencia desmadeja.

V

TODO buen escritor escribe aforismos aunque sea involuntariamente.

∾

¿QUIERES librar la guerra cultural? Empieza por no desenvainar el móvil cada vez que te detienes ante un paso de cebra.

∾

SOY partidario de una guerra cultural más bien contemplativa. No hay mejor guerrero que quien sestea, ese valiente que responde al tráfago del mundo con un bostezo.

DESCONFÍO de los guerreros culturales que, allí donde deberían ver prójimos a los que amar, sólo reconocen enemigos a los que someter.

ے

LA verdadera guerra, la más decisiva, es la que libran entre sí la tristeza y la alegría. Sus principales batallas acontecen en el alma de cada uno.

ے

UN solo acto de amor desarma a todas las legiones diabólicas.

ے

HAY quienes dicen que vivimos tiempos especialmente desoladores. No lo discutiré. Pero convendría recordarles que las más firmes esperanzas siempre arraigan en eriales.

HAY más verdad en el niño que ve una figura dibujada en las nubes que en el científico que estudia sus compuestos.

❧

PARA agradecerle a Dios su creación basta mirarla.

❧

FRENTE a la vaguedad del relativismo, la nitidez del dogma. Frente a la inhumanidad del dogmatismo, la virtud de la prudencia.

❧

LA inteligencia es una virtud relativa. Sólo es virtuosa cuando está virtuosamente acompañada.

EL vínculo entre el escritor y el chatarrero: ambos rescatan lo que los demás desechan por inútil.

∽

UNA nimiedad es un prodigio indebidamente considerado; un prodigio es una nimiedad debidamente considerada.

∽

LA felicidad no consiste en una sucesión de experiencias novedosas, como cree el hombre contemporáneo. Consiste, más bien, en una trama de momentos —en apariencia rutinarios, monótonos, acaso tediosos— vividos excepcionalmente.

DEFINICIÓN alternativa de móvil: el sumidero al que arrojamos nuestro tiempo.

ↄ

EN este tiempo agitado, la revolución consiste en quedarse (s)inmóvil.

ↄ

QUÉ deslumbrante es el progreso tecnológico y a la vez qué irrisorio. Tabletas, redes, *likes* y a nosotros, sin embargo, nos hacen felices las mismas pequeñas cosas que a nuestros ancestros: una sobremesa, un abrazo, un «te quiero» susurrado al oído.

HOY sólo es original quien no pretende serlo.

๛

LA sutileza es —paradójicamente— el esplendor del ingenio.

๛

TIEMPO, *my dear*, es eso que transcurre cuando tú no estás.

VI

EL buen aforismo es una iluminación súbita, como una cerilla que, zas, se enciende.

☙

ME pregunto si es moderado quien exalta la moderación con entusiasmo.

☙

QUÉ pena que no admiremos las arrugas como admiramos los colores otoñales y los atardeceres, sus homólogos no humanos.

QUIZÁ la belleza del ocaso esté en la alborada.

❧

PARA el ateo, el nacimiento es tan sólo una sentencia de muerte.

❧

TIENE sentido que el diablo y sus esbirros nos quieran estériles: Dios se revela a los niños.

❧

TODA esperanza está entreverada de nostalgia. ¿Acaso no esperamos para el futuro lo que ya hemos saboreado en un pasado feliz?

SI es inefable no es inefable.

❧

«NO sonrío porque el mundo está muy mal», dice el pesimista. «Sonríe y lo estará un poco menos», responde el sabio.

❧

LOS sonidos bellos no rompen el silencio; lo acentúan.

❧

NO tengo ningún problema con los presumidos. Se jactan de una belleza, la suya, que sólo es mérito de Dios.

A mi derecha un hombre teclea frenéticamente la pantalla de su móvil; a mi izquierda otro le ata los cordones a su hijo. Desesperanza rima con desatención.

❧

INCLUSO las grandes ciudades tienen sus cosas buenas. En ellas vemos cada encuentro fortuito como lo que verdaderamente es: un milagro.

❧

¿QUÉ es la fe sin caridad sino una impostura? ¿Qué es la caridad sin fe sino un humanitarismo? ¿Qué son ambas sin esperanza sino un sinsentido?

❧

RELATIVICEMOS el poder de las sombras. Una sonrisa pura basta para disiparlas.

EL hombre sólo llega a ser todo lo bueno que puede ser a condición de que se le recuerde, ejem, que ha nacido más bien malo.

❧

NO debemos olvidar que el buen salvaje de Rousseau es literalmente un buen salvaje.

❧

DÍA de esquí: qué semejantes el telesilla y nuestra vida, ambos pendiendo de un hilo.

❧

ERES la autora de mis mejores páginas.

VII

EL aforismo exige algo de ignorancia y mucho de jeta. ¿Qué experto despacharía su tema con un brochazo?

∽

CONTRA gnósticos: todo pecado, incluso el más carnal, comienza en el espíritu.

∽

EL peligro de la escritura moralista: a cada uno se le juzgará con la medida de lo que escriba.

EL asombro es una forma preconsciente de gratitud.

∾

LA única manera de amar el mundo es amar a Dios. La única manera de amar a Dios es amar el mundo.

∾

PASEO por Madrid durante una mañana invernal, nublada, y me pregunto cuánto progresaría la humanidad si agradeciésemos las cosas que nos ocurren, incluso las malas, como agradecemos ese breve instante en el que los rayos del sol consiguen filtrarse entre los nubarrones para darnos calor.

∾

SALIR de la zona de confort es conveniente sólo a condición de que uno salga para hacer algo bueno.

LA felicidad se parece, supongo, a sentir el mundo entero como un hogar.

෴

HAY algo bueno en el sufrimiento. A su modo, crudamente, desgarrándonos, nos dice que estamos hechos para el infinito.

෴

LA belleza es el tributo que el escritor rinde a la verdad.

෴

NI siquiera cuando está a solas goza el hombre contemporáneo del silencio. También entonces le asaltan los ecos del bullicio.

SI es cierto que el poder corrompe, menos desdeñar a los políticos en general y más admirar como a héroes o como a santos a quienes lo ejercen rectamente.

❧

ES mejor pecar de ingenuidad que de suspicacia porque siempre es mejor padecer el mal que infligirlo.

❧

EL curioso es el homólogo intelectual del mujeriego: pica de flor en flor.

❧

LA cara es el espejo del alma y el alma, como supo ver san Agustín, es el escondite de Dios.

ESPÍRITU castellano: lo bello, si austero, dos veces bello.

∽

EL atardecer es el momento de la redención: cuando Dios aureola todo lo creado.

∽

UNA mirada limpia redime hasta el más provocativo de los atuendos.

∽

SI fuese poeta, no tendría que escribirte aforismos de amor.

VIII

EL aforista es el escritor más humilde: les deja casi todo el mérito a sus lectores.

⁊

BIEN mirada, la realidad entera es una epifanía.

⁊

UNA mujer llora desconsoladamente en la calle. Varias personas pasan por su lado a toda prisa, como si fuese invisible. Hay algo sórdido en las grandes ciudades.

YO, tan poco místico, le agradezco a Dios la vida disfrutándola como disfrutaría el mejor de los regalos, entre vinos y risas.

☙

LA risa puede lo mejor y lo peor. Cuando es pura, nos anticipa el Paraíso; cuando es perversa, nos desvela los contornos del mismo infierno.

☙

EL animalismo es una fábula a la inversa.

☙

LA felicidad no se alcanza eludiendo el sufrimiento, sino acogiéndolo, primero, viviéndolo, después, y superándolo, por último.

OBSERVO a las personas que comparten vagón de tren conmigo y todas están encorvadas, con la mirada fija en su dispositivo. El rasgo de nuestro tiempo es una esclavitud tan lúdica como perversa.

∽

HAY que agradecer la vanidad ajena: le obliga a uno a ser elogioso.

∽

LLAMAMOS heroísmo y santidad a la irrupción de lo divino en lo humano.

∽

CHESTERTON dijo que llegarían tiempos en los que habría que desenvainar la espada para defender que el pasto es verde. La realidad ha superado sus expectativas. Ahora hay que desenvainar la espada para defender que el pasto es pasto.

ES desconcertante que los recuerdos más dolorosos no sean los malos, sino los buenos.

ॐ

NO existe hoy manera más eficaz de llamar la atención que ser discreto.

ॐ

LA duda es benéfica, mucho, a condición de que su principal objeto sea uno mismo.

ॐ

MÁS motivos para la esperanza: basta una rendija para que la luz se extienda a su antojo.

SOBRE el arte contemporáneo: se trata de redimir el mundo con la belleza, no de chapotear en su fealdad.

∽

LOS poetas no crean belleza; la desvelan.

∽

QUÉ misteriosa es la sed de conocimiento, que crece cuando se sacia. Nadie la siente más que quien debería sentirla menos.

∽

LA ignorancia es menos un hecho que un ánimo. No es ignorante quien no sabe, sino quien no tiene ganas de saber.

LAS amistades verdaderas no son las que sobreviven a la distancia, sino al reencuentro.

&

LA condición de la felicidad: tener a quien regalarle flores.

IX

AL aforismo se le pide brevedad porque exige mucho tiempo.

∾

ME encantan los corrillos que se forman a la salida de misa en los pueblos. Las mejores jugadas hay que comentarlas.

∾

NO te indignes con quienes se acercan a ti por interés. Te están llamando interesante.

TODA vida es estrictamente una agonía.

ॐ

EL hombre contemporáneo vive en un ininterrumpido Sábado Santo.

ॐ

EL sonrojo es la inflamación del espíritu.

ॐ

EL Antiguo Testamento es el *spoiler* hecho libros. El Evangelio es el *spoiler* hecho carne.

PAZ no es el antónimo de guerra, qué va. Son la justicia y la caridad brillando —¡brindando!— juntas.

თა

EN el Paraíso la ingenuidad era una virtud intelectual.

თა

MÁS que quien junta versos, poeta es quien lee la realidad como un poema.

თა

TODO lo que debe hacerse debe hacerse inmoderadamente.

¿HAY mayor fariseo que quien ve fariseos por doquier?

❧

ERA tan humilde que se hizo vanidoso para no parecerlo.

❧

OBTENEMOS los mejores gozos allá donde podemos obtener también los mayores sufrimientos.

❧

VERSIONANDO a Vázquez de Mella: nuestra época llama consecuencias a los fines y fines a las consecuencias.

EL intelectual vive para leer; el sabio lee para vivir.

∽

TAN extendida está la mentira que lo tautológico es hoy lo más subversivo.

∽

LA cortesía es la caridad hecha protocolo.

∽

MIRO alrededor y me invade una feliz certeza: Dios estaba achispado cuando creó el mundo.

CONTRA Saint-Exupéry: lo esencial es bien visible a los ojos.

ↆ

EL problema del hombre contemporáneo no es que rehúya el sacrificio, como muchos dicen. Su problema es que se sacrifica por las causas equivocadas.

ↆ

NUESTROS «te quiero» son menos la constatación de un hecho que una declaración de intenciones.

X

EL aforista disipa la sombra con un chasquido de dedos.

&

NUESTRA época llama progreso a lo que es tan sólo un vagabundeo errático.

&

SON estériles los esfuerzos de la ciencia. Por muchos avances que se produzcan, por muchas investigaciones que se acometan, ningún científico podrá responder nunca a la pregunta fundamental: ¿por qué el ser y no la nada?

&

PENSAR lo mejor es una condición para alcanzar lo bueno.

ES un incontestable triunfo de la inteligencia artificial que al descanso lo llamemos desconexión, como si fuéramos robots.

୧୨

EL cristianismo es tan escandaloso porque el Dios omnipotente, el Señor de los cielos y de la tierra, el Rey de reyes es también un pordiosero que mendiga el amor de sus criaturas.

୧୨

CONSTELACIONES, galaxias, sistemas, planetas inhabitados, asteroides, estrellas, etc. La vida en la tierra es tan milagrosa como una florecilla surgida en medio de un desierto.

୧୨

OCASO en la playa: el sol se vuelve morado, como los labios de un niño que ha pasado demasiado tiempo en el agua.

A favor de la costumbre: cuanto es digno de hacerse una vez es digno de hacerse infinitas veces.

సా

NO deberíamos aspirar a un sinfín de experiencias novedosas, sino a una mirada que todo lo hiciera nuevo.

సా

EL amor no es la benevolencia mórbida que bendice todo lo que el prójimo haga siempre y cuando le haga feliz. Eso es un vicio y se llama adulación.

సా

LA paradoja del dolor: sólo podremos atenuarlo a condición de que aceptemos nuestra incapacidad para suprimirlo.

EL infierno no es una condena, sino una elección.

ↄ

DIOS niega el Cielo a las almas depravadas por pura misericordia: no lo disfrutarían.

ↄ

TANTO a los niños como a los ancianos les resulta asombroso algo tan prosaico como un edificio en obras. *In my end is my beginning.*

ↄ

TANTOS años de esfuerzos, dedicaciones, afanes para ser al final más o menos lo que éramos al principio: seres vulnerables y asombrados.

CONTRA el turismo: uno ya sólo puede conocer las ciudades si se aleja de su centro.

✲

EL Edén era un jardín y no una selva. No era la naturaleza salvaje, sino la naturaleza esculpida por la inteligencia.

✲

LA belleza es la cortesía del Creador. La atención es la cortesía de la criatura.

✲

CUANDO yo digo A tú dices B y cuando yo hago B tú me replicas que debería haber hecho A. Sé por eso que me amas.

XI

EL aforismo es un verso con ínfulas de poema.

ↄ

EL aburrimiento es la condición del asombro.

ↄ

EL hombre contemporáneo tiene muchísima prisa incluso cuando no tiene ninguna.

ↄ

PARA Dios todo lo contingente es necesario.

NOCHE: cuando la luz se ha replegado para rearmarse.

∾

«ESTO no es más que…» la antesala de un sofisma.

∾

IRONÍA: cuando la mentira le reconoce a la verdad su primacía.

∾

CONTRA la ética kantiana: al hombre verdaderamente virtuoso le apetece mucho hacer el bien.

∾

LA comunidad sólo puede degenerar en masa si el hombre ha degenerado antes en individuo.

MISTERIO no es lo que no podemos comprender, sino lo que sólo podemos comprender mirando como niños.

∽

EL justo medio no es bueno por medio sino por justo.

∽

LA verdadera fortaleza no consiste tanto en vencer la tentación como en rehuirla.

∽

PARA el traidor todo lo prometido es mierda.

∽

TIENE mucho sentido que haya cipreses en los cementerios. Señalan a los muertos el camino.

LOS mejores piropos son mitad salaces como el guiño de un truhan, mitad beatíficos como el canto de un querubín.

∽

NUESTROS esfuerzos por alcanzar la felicidad son tan estériles como los de esa bandada de gansos que vuela decidida hacia el sol declinante, ya rojizo.

∽

EL hombre contemporáneo no vive. Revolotea.

∽

CUANDO triunfe la revolución, el conservador será revolucionario y el revolucionario, conservador.

LA muerte no le niega la vida al hombre, sino al pecado.

ొ

LO que el diablo no sabe por viejo lo sabe por ángel. Pero lo que sabe por ángel lo olvida por soberbio.

ొ

SÓLO está verdaderamente perdido quien ha hallado el secreto gozo que se esconde en la tristeza.

ొ

CULPARSE de no haber amado lo suficiente es una inigualable declaración de amor.

XII

EL aforista es el ecónomo del lenguaje.

&

EN la mentira piadosa, la verdad le dice al bien «pase usted primero».

&

ABANDONARÉ el abstencionismo cuando haya un partido que a la mentira ideológica no le oponga otra mentira ideológica.

LOS hospitales son tan feos que al tiempo que sanan el cuerpo magullan el alma.

❧

DESCONFÍA de las personas excesivamente obsequiosas. Lo que pretenden es que les hagas un obsequio.

❧

EL mayor logro del turismo: que las ciudades olvidadas sean hoy las más atractivas.

❧

EN los aviones, tan incómodos, los cuerpos se elevan hasta el cielo y los espíritus se precipitan hacia el mismo infierno.

DICE Ramón Eder que fracasa con dignidad quien no les echa la culpa de su fracaso a las fuerzas exteriores. También vale al revés: triunfa con dignidad quien no les atribuye su triunfo a las fuerzas interiores.

કઝ

NUESTRO tiempo es el botín de los ladrones más temibles.

કઝ

LO mejor de los tatuajes es que nos obligan a seguir amando lo que un día amamos.

કઝ

LA tristeza es la primera obligación del ateo.

SI la existencia es un don, nuestra vida debe ser ante todo una fiesta que la celebre.

∽

LA vanidad es el traje de gala del acomplejado.

∽

LO mejor de la playa es que allí no se va a hacer sino a estar.

∽

ME opongo a la pena de muerte porque, llegado el caso, incluso el peor de los villanos puede protagonizar un acto heroico.

∽

EL antónimo de libertad no es opresión sino libertinaje.

LO más difícil no es encajar bien las críticas, sino los elogios.

∽

EL rostro es un chivato que airea lo que uno se ha jurado callar.

∽

LA belleza siempre gana por goleada. Basta un diente de león para acallar toda la fealdad del mundo.

∽

NOS sabemos amados cuando le confiamos al otro esas intimidades —miedos, vergüenzas, tribulaciones— que incluso a nosotros mismos nos ocultamos.

XIII

LOS mejores escritores logran que el lector se sienta indispensable.

❧

LA Encarnación del Verbo nos enseña, entre otras cosas, que no hay que endiosar ni a quien más lo merece.

❧

QUIEN busca la verdad está condenado a contradecirse.

❧

«LA claridad es la cortesía del filósofo» y el esfuerzo, ejem, debería ser la del lector.

ELIGE bien tu máscara. Terminará siendo tu verdadero rostro.

ↄ

EL plagio es tan sólo un piropo implícito.

ↄ

LA soberbia se cura (ad)mirando.

ↄ

PARA el nostálgico, las cosas no son tanto lo que son como lo que evocan.

ↄ

BASTA un parque lleno de niños para desmentir los presagios de los pesimistas.

CUÁNTAS veces la simpatía es el frac del malvado.

&

HURGUÉ tanto en mis recuerdos que los dejé en carne viva.

&

EL sufrimiento es inevitable porque la ilusión también lo es.

&

LA esterilidad de nuestro tiempo es menos un signo de inmoralidad que de desesperanza.

&

EL verdadero silencio es interior. Hay quienes saborean sus mieles incluso en el mismo centro del bullicio.

EN ocasiones las gaviotas parecen títeres del cielo.

∾

ESA culpable tristeza que se apodera de nosotros cuando una desgracia no nos ha entristecido lo suficiente.

∾

AL cobarde irredimible sólo le queda la opción de sobrellevar su fama valerosamente.

∾

LAS épocas innovadoras están abocadas a ser nostálgicas.

∾

EL sexto sentido es el único que nos engaña.

EL Dios todopoderoso es también muy limitado: sólo puede hacer el bien.

☙

TODOS los datos son insignificantes.

☙

HEMOS de vivir muy bien nuestro presente para luego no tener la tentación de reescribir nuestro pasado.

☙

CONTRA el poliamor: sólo podría amar a muchas mujeres si renunciara a la maravilla de amarte bien a ti.

XIV

LA musa no sólo inspira nuestros mejores textos. También, misericordiosa, los peores. Son su *memento mori*.

തതതത

DESDE el Calvario, cuando sufrimos, nosotros sólo somos el Cirineo.

തതതത

NO hay nada imperdonable en el miedo a la muerte. Muchos hombres virtuosos sólo lo tienen porque, humildes, se saben indignos del Cielo.

NUESTRAS deudas más importantes son todas impagables.

❧

COMER para vivir es un justísimo medio entre el exceso de vivir para comer, como los glotones, y el defecto de comer para sobrevivir, como los animales.

❧

DESCONFIAR de la persona amada es casi siempre otra forma de infidelidad.

❧

NADA más acuciante que la necesidad de emanciparnos de nuestras ansias de emancipación.

ESA feliz época en la que todavía eran posibles los enamoramientos súbitos.

⁊

¿POR qué buscar en Tinder a quien podría estar enfrente de ti?

⁊

LA alegría es el secreto mejor guardado del nostálgico.

⁊

PECAR es clavarle una espina más a Cristo.

BUENA parte de los filósofos modernos no son en absoluto filosóficos: no desean saber por saber, sino saber para dominar.

ᶜᵛ

CUÁNTO nos hermana la agonía, que incluso al mayor de los criminales le vuelve víctima.

ᶜᵛ

LA transgresión es hoy el nuevo límite.

ᶜᵛ

EN tiempos del *smartphone*, la presencia es apenas una de las modalidades de la ausencia.

ᶜᵛ

TAN perfecta es la creación de Dios que bastan dos vulgaridades como un pie y una hoja reseca para hacer música.

LA espontaneidad es la virtud del salvaje.

ᏕᏗ

QUÉ semejantes el canto del gallo y el llanto del recién nacido: ambos anuncian una nueva aurora.

ᏕᏗ

NO hay vidas monótonas; sólo miradas desatentas.

ᏕᏗ

PERDONAR es negarle la última palabra al diablo.

ᏕᏗ

NUESTRA gratitud es siempre insuficiente.

AGRADECIMIENTOS

Gracias a Álvaro Petit, sin cuya mediación este librito no habría sido, y a Diego Garrocho, sin cuyo prólogo habría sido mucho peor.

A la Isla de Siltolá, por su generosa confianza.

A Carlos Marín-Blázquez, a José María Contreras Espuny, a Ricardo Calleja, a David Cerdá y a Jesús Beades, que enmendaron algunas de mis torpezas con su lucidez.

A Víctor Lenore, a Gonzalo Altozano, a Antonio O'Mullony, a Rodrigo Pinedo y a Jano García, que me han permitido titubear aquí y allá.

A Enrique García-Máiquez y a Salvador Antuñano, maestros —literario el primero, filosófico el segundo— de un discípulo indigno.

A Fernando Paz Cristóbal, que me enseñó a pensar.

A Dani de Fernando, que revisa todos mis textos y, no obstante, sigue sonriendo y a Alfonso Coronel de Palma, que quiso ser mi representante y terminó siendo algo mucho mejor: mi amigo.

A Zuazo, a Jorge y a Itur, presentes por aciaga que sea la tormenta.

A mis padres, Julio y Natalia; a mis hermanas, Macarena y Claudia; y a mis abuelos, Chus, Ana, Tito y Tita.

A María, que me conoce y, sin embargo, me ama.

A todos. Por todo.

ÍNDICE

Este número 52
de Aforismos de Siltolá
se terminó de imprimir
en el mes de febrero de 2024